인생은 순례길

조선희

제5시집

◆ 작가의 말

아침마다 눈을 뜨면서
오늘은 또 어느 시간들을 보내볼까
날마다 새 하루를 시작하면서
다시 새 하루를 선물 받았음을 느낀다
삼십 대부터 육십 대까지 정말이지
정신없이 살아온 날들이지 않았나 싶다

명예 욕심 다 내려놓고
마음을 비우며 칠순을 넘기고 보니
이제는 덤으로 받은 인생의 삶인 것 같아 늘 감사하는 명상에 젖어본다

몇 년 동안 그렇게 뒹굴뒹굴 세월을 보내다 보니 너무 마음이 늘어짐을 느끼며 다시 한번 정신을 가다듬고 나를 추슬러보려 그동안 써놓았던 글들을 주섬주섬 모아서 내 마음을 풀어 내놓고 싶은 심정으로 다시 책을 발간하게 되었다. 많이 미숙하고 모자라지만 그래도 내 마음을 읽히게 하고 싶어 글을 내놓게 되었다.

| 차례 |

제2부

느리게 산다

제3부

미울 때도 사랑한 당신

제4부

어느 늦은 가을날

제5부

익어가는 그리움

제6부

인생은 순례길

제7부

황룡강의 백로에게

제1부

그리움은 저만치서 맴돌고

겨울 강가에 가면

억새풀 숨 멈춘
강가에 가면
바람들이
심심타 투정을 하고

강물에 물병아리 떼
호로롱 호로롱
호루라기 소리를 내며
바람을 달래고 있다.

눈발이 한둘 흩날리는
시한이 시작되던 어느 날
햇살 따라 강가에 놀러 갔더니
찬바람만 강 숲을 다녀가더라.

겨울 산속 이야기 · 1

속살 다 들어내 놓고
헛헛한 숨 몰아쉬며 외롭다 외친다
쌩쌩 불어주는 바람으로도
위로가 되어주지 않는가 보다

딱따구리가 숲속을 노크하고
희무꾸레한 햇살이 가만가만
앙상한 나뭇가지들을 달래주고 있다

서로 다른 산새들이
산의 정적을 깨워주며
칼바람의 시한이 지나가야만 봄이 온다고
햇살 한 줌 끌어다 발끝에 놓아 준다.

겨울산속 이야기 · 2

속살을 다 들어내 놓은 제봉산에
소살소살
눈발이 흩날리고 있다

희무꾸레한 햇살이
어설프게 얼굴을 내밀고
앙상한 나뭇가지들을 다독거리고

산새들이 부산스럽게
산의 정적을 깨우며
숲속을 달래고 있다

칼바람의 시한이
지나가야만
꽃 피는 봄이 온다고

고뿔

고연 시리 마음이 굴풋하다
하릴없이 고요함만 명상에 잠기고
만물이
간댕거리는 지구의 똥꼬에 매달린 채

코로나19라는 고뿔이 찾아와서
온 세상을 뒤덮어 놓고
요리 되작 조리 되작
질편하게 놀고 있다

그래봤자 너는 개좆부리* 인걸
꽃잎살 벙글기 전에 작별을 하자
코로나19 바이러스야!

*개좆부리 : '여름에는 개도 안 걸린다는 감기'를 뜻하는 말

고향이 그리워질 때면

고향이 그리워질 때면
전통시장으로 가보라
그곳엔
어릴 적 추억이 있고
아련함이 있다

고향이 그리워지면
재래시장을 찾아가 보라
어릴 적에 고향에서 보았던 어물전이 있고
옹기종기 산나물들이 햇살 보듬고 있다

고향이 그리울 때면
오일장을 찾아가 보라
엄니 닮은 아짐들이
미소 가득 반겨주고
살맛나는 싱싱함들이 팔딱거린다.

그리운 어머니가 있고
장 보시는 아버지가 있다.

그냥 삽니다

나는
그냥
생겨났습니다

부모를 내가 선택한 것도 아니고
부모님이 나를 낳아주겠다고
약속한 것도 아니고…

나는
그냥 생겨나서
그냥 삽니다!

온 세상 자연이 그러하듯
꽃이 저절로 피고 지고 하듯이
나도 따라 그냥 삽니다!

그러매도 불구하고

살아간다는 게 어디 마음대로 됩디까
몸 따로 맘 따로 일 때가
어디 한두 번 입디까

살아감이 행복일 때도 있고 불행일 때도 있고
미울 때도 있고 보고 싶을 때도 있고
즐거울 때도 있고 슬플 때도 있듯이

삶이란 것을 어찌
한마디로 말할 수 있겠소
이랬다 저랬다 하는 것이 우리네 인생사려니

삶이 아무리 고달프다고 하더라도
참고 사는 것이 인생의 길이라오
힘들고 아프고 슬프고…

그러매도 불구하고
이승 끝나는 날까지
꿋꿋이 살아가는 것이 바른 길이라오.

그리움은 저만치서 맴돌고

발가벗겨진 나무들이 울고 있다
뻑꾹새 계곡을 깨우고
망설이 듯 날아가는 곳으로
그리움 저만치서 따라 나서고

영동 할메 오신다는 삼짇날에는
울 엄니 애면글면
아련한 서러움으로
산에 오르며 울먹이는데

그리움은
저만치서 아스라이 맴돌아
오르고
오르고 또 오르건만

아쉬움은 언제나
저만치서 앞서간다
그리움은 매번
저만치서 맴돈다.

그리움이 있어야지

어릴적
도란도란 놀던 친구들
노적가리* 논에서 자치기하던 친구들

어디선가 다들
잘 살고 있겠지
세월 너머에 떠오르는
수많은 추억과 그리움

칠순 넘은 고개에서
가물가물 떠오르는 추억들을
그리움으로 채운다.

* 노적가리 : 수확된 벼나 곡식 따위를 한데 수북이 쌓아 둠

기다림

나면서부터

·

죽는

·

그 날을

·

기다리며 산다.

긴긴 겨울밤에

가차운 하늘에서
함박눈이 내리던 날

밤은 깊어
새벽으로 너머 가는데

잠은 오지 않고
기계음만 방안 가득

뭔 놈의 심사가
왜 그리 꼬였는지

괜한 밤을
뜻 모르게 새고 있는가.

깊은 밤의 폭우

하늘이
깨지는 소리를 내며 운다
오랜 가뭄 끝에
응어리진 아픔을 토해내는 걸까

눈을 부릅 뜨고
번갯불을 튀기면서
지구를 아프게 하는 우리를 나무라듯
무섭도록 소리소리 지르고 있다

눈물이 쏙 빠지도록
몸서리치며 울고 있다
아니
통곡하는 이 밤

무섭다!

깻잎 쌈

치재골 고추밭에 풀 매러 가실 적에
울타리 기어오른 호박잎 몇 개 따서
한 잎에는 된장 담고 또 한 잎에 꽁보리밥

울 엄마 점심은 호박잎 도시락

밭 매다가 허기지면 밭 가상 깻잎 따서
꽁보리밥 싸 드시던 울 엄마 그리워라
깻잎쌈 할 때마다 생각나는 어머니.

*치재골 : 전북 진안군 부귀면 황금리에 있는 계곡.

꽃눈 내리던 날

아버지
날 보러 꽃눈으로 오시나요

벚꽃이
흰눈처럼 펄펄 휘날립니다

빈 하늘 사릉사릉 춤추며
꽃눈 되어 내리면

아버지 그리움이
목젖까지 차올라서

벚꽃눈 날리는 호숫가에서
꺼이꺼이 소리 내어 울었습니다.

난쟁이붓꽃

산기슭
마른 잎새
햇볕을 끌어모아
의젓이 버티고 선

보랏빛 꿈으로 핀
한 송이 작은 꽃잎
어여삐 유혹을 하네
보기도 애처로운 난쟁이붓꽃.

내 편

내 편인 줄로 알고 혼인했더니
그이는 시모님 편이었네
어린 자식들은 내 맘고생 모르고
내 편이 아닌 그이도
내 맘고생은 모르더라

훗날 훗날
내 나이 칠십 넘어
내 편이 아녔던 임에게
그때는 왜 그랬었냐 물었더니
"엄니가 상처받을까 봐" 그랬단다

하세월 다 보낸 지금
드디어 내 편이 된?

이제야 내 편이 된 임은
젊은 날 눈물로 살았던 날
알랑가 몰라!

제2부

느리게 산다

6월의 꽃

6월엔 슬픈 꽃이 핍니다.

민주주의를 부르짖다
물고문으로 숨진 박종철 열사
민주화를 외치다 총탄에 스러져간 이한열 열사

남영동 대공분실에서
온갖 고문으로 숨져간 대한의 열사들
6·10 민주항쟁 기념식으로
우리는 그날을 되새기며 속죄하고 있습니다.

현충일에 담겨있는
수많은 영령들을 추모하며
또
가슴 아픈 6·25를 제사합니다.

6월이 오면
우리들은
영웅들을 기리며 사죄합니다

호국영령들의 추모와
젊은 청년들의 목숨 바친 민주항쟁으로
드디어
민주주의 꽃이 피었습니다.

대한민국의 꽃이 되었습니다.

내 나이 열한 살 때

순창 적성초등학교 5학년 일 때
엄마는 마을 밖 냇가로 빨래 가시고
백일도 안된 막내를 보며
아기랑 같이 울었던 그때가 생각납니다

이제와 생각하니
아기는 배고파 울었을 텐데
어린 나는 이유를 몰라
오지 않는 엄마를 원망하며
욕하고 악을 악을 쓰던
철없던 내가 생각납니다

어머니
정말 죄송합니다
살아생전 빌지 못해 더욱 죄송합니다
어머니 어머니!

내 동생 세실리아 · 1

너는 어린 나이에 살림을 도맡았지
엄니는 아버지와 별거하여 외가에 가 있고
나는 자취하며 학교 다닌다고 함양에서 살았지
그때는 나도 어려 네 고충을 몰랐고
아니 그냥 외면했는지도 몰라
너는 그 어린 나이에
교사였던 아버지 수발에
어린 동생들까지 다 네 몫이었어
그래서 너는 중학교에도 못 가고 말았지.

내 동생 세실리아 · 2

엄마와 아버지가 다시 합쳤을 때도
너는 그냥 살림만 했고
그렇게 세월이 더 간 뒤
어느 양장점 시다로 바느질을 배웠지
그 세월이 언제쯤이었을까나
어느 날 서울로 간 너는 재봉사로 일을 하고
나는 또 가난을 피해
서독으로 가서 5년을 살았구나
그런 중에 너는 엄마가 맺어준
이웃집 청년과 혼인을 하고
세월을 보내며 4남매를 키웠지

내 동생 세실리아 · 3

네가 못 배운 한을
자식에겐 물려주지 않으려고
세탁소와 수선집을 하며 억척스레 살았지
왜 나만 안 가르쳐줬냐고 원망도 할 만 한데
너는 한 번도 그런 내색해 본 적 없었지

가엾고 불쌍한 내 동생 세실리아야
오십 중반 어느 날
건강검진에서 네 몸에 암이 생긴 걸 알았어
하늘이 무너지는 통곡을 하며
언니 나 어떡해, 언니 나 어떡해!

지금도 그때 네 목소리가 들려!

내 동생 세실리아 · 4
- 그냥 그리워하며 살께

억지로 잊으려 애쓰지 않을께
잊으려 한다고 잊혀지는게 아니니까
인사도 못하고 간 게 서러워
마지막 얼굴도 못 보고 간 게 너무 아파
병상에서 홀로 가게 한게 너무 슬퍼
그래서 주님도 원망하고 또 원망했어
세월 가면 무뎌질려나
세월 가면 잊혀질려나
세실리아야
그리우면 그리운 데로 그냥
그리워하며 살란다

내 동생 세실리아 · 5

구름이 되었니 동생아!
지금 나 보고 있는 거니?
사랑하는 내 아우야!

내가 보고 싶어
바람으로 오는 거니?
부모님 가실 때 보다 더 가슴 아픈 아우야!

있을 때 더 잘해주지 못하고
가고 나니 이제야 후회를 한다
부모님한테도
너한테도

언제든 나 가면
우리 서로 알아볼 수 있을까나
가엾은 내 아우 세실리아야!

느리게 산다

부는 바람을 잡을 수 없듯이
태없이 가는 세월도
붙잡을 수 없다

칠순이 지나고 나니
마음은 달려가도
육신은 느려지네

아, 그렇구나!
이제는 삶의 여유가 생겼으니
천천히 천천히 느리게 살아보자.

늙어간다는 것

내려앉는 피부 사이로
바상바상, 무너져 내리는 육신의 뼈들
돌아 누울 때마다 아이쿠, 아이쿠!

켜켜이 쌓여가는 세월 속에
슬픔 한가득
눈물 한 바가지
아픔들이 삐죽삐죽 가슴을 친다

즐거웠던 순간
기뻤던 날들을
손가락 꼽아가며 더듬어 본다

아 ~ 그날들이 몇 번이던가
손가락 열 개가 안 넘어가네

그래서
산다는 것은 결코
쉬운 것이 아니라 하네.

능소화

행여
임 오실까
오늘도 기다린다

문밖
울 너머로
임의 발소리 들릴까

나팔귀 쫑긋 빼고
어제도
오늘도

주황빛 정열을 쏟으며
지칠 줄 모르고
하염없이 기다린다

.
.
.

기다리다 기다리다 지치면
그냥 뚝!
목숨 떨구는 꽃이여!

다듬이 소리의 추억

싱그런 바람 마루 끝에 맴돌고
하늘에 남실남실 흰구름 사이로
어머니 음성 들리는 듯

똑딱 똑딱 또로록 딱딱!
어머니 다듬이 소리
그리움으로 들린다

사그렁대는 대숲 새로
푸른 바람소리 스칠 때면
그리운 어머니 다듬이 소리

뻐꾸기 노래 소리 맞춰
똑딱 똑딱 또로록 똑딱!
아련한 그리움으로 보고 싶은 어머니!

동백꽃 마을

물과 바람이 함께 사는 그곳에는
인생을 닮은 동백꽃이 있었다
아픔도 슬픔도 함께해 준
동백꽃이 있었다

동백꽃 속에서 아이들이 자랐고
동백꽃 속에서 아이들이 꿈을 키웠그
동백꽃 속에서 사랑을 지었다

그 속에서
동백나무잎을 닮은 동박새는 행복하고
동백꽃을 줍는 마을도 행복을 짓는다

제주도 동백마을에는
동백꽃을 닮은
아름다운 사람들이 살고 있었다.

마른장마

크지도 않은 대한의 땅들이
쿨럭쿨럭
제 살을 찢고 있구나

자궁 속 같던
깊은 물속도
이제는 지친 듯
깊은 곳까지
속 살 다 들어내 놓고
흐느낄 힘마저 잃어버린
빈 호수를 하염없이 보고 있다

타들어 가는 가슴을
쓸어내릴 기운도 없다.

물고기는 다 어디로 갔을까
물줄기 따라 계곡으로 갔을까

그럼 천만다행이지.

마스크 대란

세월이 좀먹냐고 웃던 때가 있었지
지구가 아프단 말
흘려들으며 살았지
내 탓이 아니라고 묵인하며 살았어

잘못을 깨닫기엔 이미 늦은 것일까
코로나 19라는 바이러스가 세상을 덮고
그로 인해 우리는 마스크를 써야만 하고
누군지 미처 몰라 인사도 잃었다.

마스크를 사기 위해 몇 시간씩 줄을 서며
흉흉한 인심은 골목길을 헤집고
대문 꼭꼭 닫은 채
스스로 감옥을 만들었었다.

마음의 멍에

푸르렀던 꿈의 지게는 가벼웠을까
지나온 삶의 언저리에는
아련한 그리움과 애틋한 슬픔과
어머니의 애처로운 모습이
그렁그렁한 눈물 속에 포개어져 오고

칠십 년 쌓아진 멍에 속에
아픔과 슬픔만이 있는 것 같고
아쉬움과 후회만 남아
하늘만
멍하니 바라보고 있다.

목젖이 끈 하게 아파 온다.

제3부

미울 때도 사랑한 당신

6월이 오면

6월엔 우리
사랑을 나눠요

참전용사들의 아픔도 다독여주고
남은 가족들도 위로해 줘요
푸르러진 6월의 숲속에선
새들도 노래하고 사랑을 나누고 있잖아요

월남 가서 싸우던 우리 장병들도
나라의 부름으로 가야만 했던
그런 아픈 날들이 있었잖아요

이제는 평화로운 세상이 되어
하나 된 세상에서 살고 있네요
우리 모두 반성하고 잘못을 아는
용서를 빌 줄 아는 사람이 되고
용서를 빌 줄 아는 나라가 되어
월남전에 쓰러져간 그들 앞에서
진실로 용서 빌고 사죄하면서

우리 모두 그렇게 살아가게요

6·25때 받은 상처 되새기면서
후손들이 잊지 않게 훈육하면서
우리 모두 그렇게 살아가게요

6월이 오면 우리 모두
그때를 잊지 않기로 해요.

망태사랑 · 1

스무살엔
눈에 콩깍지가 씌워져
온 세상에 임 밖에 없었네
인생을 먼저 겪어 본
아버지의 조언도 들리지 않았지

그렇게 혼인을 하고
살면서 지옥을 맛보았지

조선시대부터 내려온
전통적인 시집살이와
마누라 귀한 줄 몰랐던
지아비의 홀대접에
참으로 힘들었던 삶이었지만
신앙의 울타리가 나를 잡아주었지

이제는 여유가 생긴 나이
인생의 숙제를 거의 끝낸 마음
그날을 기다리며 사는

이제
여유가 생겼으니
우리
사랑을 다시 시작해 볼까요?

서로 존중해 주는 사랑말이오.

망태사랑 · 2

새끼들 다 제금나가고
망태버커리 둘이 살다 보니
밥도 둘이 먹고
티비도 둘이 보고
잠자리는 각각이라

청춘은 뭣 모르고 살았고
불혹에는 정신없이 살았네

칠순에 들어서야 여유가 생겼으니
이제야 정신을 차리고
지난날 서러움도 곱씹어 보겠지만
그래도 그중에
애틋함도 있었으려니

잃어버리고
잊어버렸던 정
그것도
다시
찾아 나서 보려네.

모과나무

알록달록
별들이 내려와
밤새
가지마다 사랑을 했나봐

햇살 애무를 받으며
참으로
향기롭고 예쁜
분홍꽃을 피웠네

무담시

무담시 눈물이 납니다
기울어가는 어느 시한의 끄트머리에서
세월의 흐름을 느끼는 순간
무담시
매급시 눈물이 납니다

마음이
사위어가는 건지
늙어가는 삭신의 서러움인건지
알 수 없는 눈물이
매급시 흐릅니다

세월이 밀어내는 삶을
어찌할 수 없어
그냥
그렇게
빼급시 우는 날도 있습니다.

무에그리 애닯으리

세상 참
별거 아니잖여 그쟈?
난대로 생긴대로
그 안에 그렇게 살면 되는 것을
욕심을 왜 부려서 힘들게 사남여?

자연에 순응하며
어우러져 살다보니
딱, 고만큼
여유롭게 사는 것을!

무에그리 설움 많아
애달어 하겠능게라
비우고 비우고
또 비우고-
오늘도 맘 비우는 연습중이지라.

미세먼지 자욱한 날 황룡강에서

쿨럭쿨럭 산들이 기침을 한다
강물도
자꾸만 눈을 감고

바람이 살랑살랑 위로를 하고
자맥질하는 물새들은
한가롭기만 하다

오가는 이 별로 없는 강가에 앉아
스모그로 가려진 앞산을 보며
친정집 가는 길을 무심히 보고 있다

아버지 엄니 뒷모습 그려보며.

미소 짓게 하는 것

아기 형제 눈사람
행복도 하다

미소가 절로
웃음이 절로

어느 누가
이 행복 지었을까

천사 되어 방긋방긋
인사를 한다

내가
무궁화동산을 돌며 운동하는 동안.

미울 때도 사랑한 당신

하얀 카라 교복 입고
당신을 좋아했고
티격태격 싸울 때도
당신을 사랑하고
오십 년이 지난 지금도
당신을 사랑한다

아이들 키우며 울고 웃고 싸우고
칠십이 되고 보니
삶의 여유로움이 생겨나네

이제는
살아온 날보다
살아갈 날이 짧은 우리

순간순간 미우면서도
여전히
죽는 날까지
미울 때도
사랑하며 살 것이다.

반디지치꽃

임이여
어디로 가시나이까

호수 깊이 하늘이 내려와
잠시 쉬어가거든

그때 나를 불러
함께 쉬게 하소서

그리하면
파랑 분홍 치장을 하고

임 따라
가는 길을 밝히오리다.

보물 찾기

눈 속을 헤집고 그리움을 찾는다
밭두렁 논두렁 따라 추억을 찾는다

호미 끝에서
그리운 엄마가 웃고 있다

스치는 바람결에
"선희냐?" ~
엄
마
목소리

그렁그렁한 눈물을 훔치며
냉이를 캔다.

봄 오는 길목에서

겨울은 하염없이 흩날려가고
황금빛 잔디에
봄들이 내려앉기 시작했다

봄까치꽃들이 잉크 빛 웃음 짓고
오불오불 올라오는 쑥들이 탐스럽다
광대나물도 핑크빛으로 만발하고
고 옆 꽃다지도 노랏노랏 이쁘다

코로나19 바이러스는 지금도 서성거리고
갈 곳 없는 신세
기껏 앞산에 올라
한숨만 푸우, 푸우 쏟아 놓고

무거운 발걸음 터덜터덜
창살 없는 감옥으로 되돌아온다.

불어라 통일 바람

하늘이 열리고 있다.

땅 길이 열리고 있다.
70여 년 흘린 눈물이 은하수 되어
통일 바람이 일고 있다

어쩌다 우리는 두 갈래로 찢겨서
부모형제 나뉘어
하 세월을 보내고 말았는가!

불어라 통일 바람
하늘이 열리고 있다
이제는 아픈 상처 아물게 하자
보고픈 부모형제 만나게 하자

새들은 경계 없이 오가는데
보고픈 임 왕래하며 살게 하자
불어라 통일 바람
함께 하자 대한민국!

오천만 대한의
꿈을
염원해 보자.

봄이 올랑가, 임이 올랑가

봄이 올랑가!
겨울비가 추적추적 내리네
3센치 눈이 온다더니

날이 푹여서인지
비님이 오시는디

동치미 한 사발 상에 놓고
아무도 올 이 없건마는
자꾸만 문밖으로 귀 열고 눈이 가네

타향에서 고생하는 아들놈 궁금하고
시집간 딸내미는 아려오는 생인손

쓸쓸한 내 맘같이
겨울비가 내리네.

비가 오는 날이면

아버지
이렇게 비가 오는 날이면
나 어릴 적 생각이 납니다

아버지 검지손가락 꼭 잡고
우산 하나 같이 쓰고

아버지는 학교로 출근하시고
나는 공부하러 학교 가고

그렇게 학교 다니던
내 나이 열 살 때가 생각납니다.

이렇게 비가 오는 날이면
칠순이 된 지금에도
그때가 그립습니다
아버지!

제4부

어느 늦은 가을날

사랑해

사랑해 엄마 아빠
엄마는 이쁘쟁이
아빠는 미쁘쟁이

엄마는 안아주고
아빠는 뽀뽀하고

울 아빠 술 냄새 뿜뿜뿜
그래도 난 사랑해.

산꼬대 우는 밤에

잠 안 오는
깊은 밤
산꼬대 소리 듣는다

봄 오는 소리에 기뻐서일까
아님,
산들이 너무 깎여 아파서일까

날이 샐 만큼
첫닭이
울어주는 지금 이 시간

산꼬대 소릴 들으며
소리 없이 내리는 비를
하염없이 보고 있다.

처마 끝에 떨어지는 빗방울을
한 방울, 두 방울 눈으로 세며
어둔 밤을 지겹게 밀어내고 있다.

산에는

산에는 기다림이 있다
바람과 구름이 소식을 전하고
새들과 벌레들이 오순도순 둥지를 튼 곳

산에는
산에 오는 사람들의 이야기가 있고
명상이 있고
꿈이 있는 곳

산에는
옷을 갈아입는 사계절이 있다

산에는…

색 바랜 일기장

봄
여름
갈, 겨울

변함없이 오가건만
사람에겐 오늘이
다시 오지 않으니

날마다
새로운
모험으로 사는 것

어제는
색 바랜
일기장이라

다시
맞은 오늘
최선을 다하여 살 수밖에

세월 따라가는 길

몇 만 리 걸어왔나
나이만큼의 길은
정녕 몇 만 리일까

색 바랜 어린 시절
아련한 학창 시절 지나
젊은 날의 꿈은 몇 리였을까

영호남 길 따라
내가 자랐고
이제 황혼에 접어들었다

저 멀리 아련한 그림자들 뒤따라오고
삶의 언저리에 그리움 쌓아놓고
하나씩 꺼내보는 시간이 왔다

진안에서
함양에서
장성에서

세월 따라가는 길이
멀기도 하고
가깝기도 하고…

소녀상 앞에서

나비 되어 날고 있나요
새가 되어 날아갔나요
먹장구름 천둥번개를
어떻게 견디셨나요

어매 아배 품 그리워
얼마나 울으셨나요

천 갈래 만 갈래 찢기는 살점들을
어떻게 주워 모으셨나요

열서너 살 앳된 소녀여!
하늘이 무너지는 무서운 그 고통을
어떻게 견디셨나요

나라 잃은 슬픔보다
더 고통스러웠을
그 수많은 아픈 날들을
어떻게 견디셨나요

잘못했다 뉘우치기를
기다리다 기다리다 지쳐
나비가 되셨나요
새가 되어 지금도 울고 있나요.

잘못했다 뉘우치기를
기다리다 기다리다 지쳐
나비가 되셨나요

새가 되어 지금도 울고 있나요.

* 장성평화의소녀상_ 받침석에 시가 새겨짐

시모님 병상에서

얼마나
얼마나 아파야 목숨 다 할까

하늘나라 가는 길이 이리도 험하다
곱고 우아했던 모습은 간 곳 없고
치부를 아무렇지도 않게 들어내 놓으시는
세 살박이 아이가 되셔버렸다

구십 년,
삶의 아픔을 떨쳐내는 고통일까
나눌 수 없는 통증을 어찌 보라고

피멍이 번져가는 팔
금방이라도 터질 듯
유리알처럼 울고 있다
주위를 맴도는 죽음의 그림자가
서성거린다.

나눌 수 없는 통증의 고통을

자식들은 그저 바라만 볼 수밖에-
아~ 하느님!
제발 통증만은 멈추게 해 주소서!
주님 곁으로 가실 때
잠자는 듯 가게 하소서!

세월은 저만치 앞서가는데

숨바꼭질
쌈박질
눈물 바람 속에서
미처 느끼지 못한 채로
세월은 저만치 앞서가는데

안타까움
아쉬움 그리고
수많은 번민 속에서
반백 년의 시간은 과거가 되고
느꺼움만 차곡차곡 쌓여만 가는

버리지 않으면 안 되는
미련만 두터워져 간다
무심한 세월은
어느새
저만치 앞서가는데

시상 참

니미럴!
시상 참 요상네그랴
입막음을 요레 하다봉께
헐 말도 못 허고
헐 말도 없어지고
붕우도 못 만내고...

허메 참말로 요상탕께
이노므 시상을 으짜께라?
맴이 참말로 아프당께

시한 어느 날

눈송이 팔랑팔랑 신났습니다.
살랑살랑 왈츠를 추며
하얗게 날립니다

푸르디푸른
소나무 숲을
하얀 너울 쓰고 춤을 춥니다

소쩍새 소쩌꿍!
인사를 하고
또로록 똑똑! 딱따구리도 대답합니다.

시한 어느 날
숲속을 찾아드니
만물이 다 인사합니다.

오늘도
내일도
행복하라고!

암시랑토 안혀

세월이 하냥 흐르다 보니
무담시 눈물이 나요
살아온 날 보다 살아갈 날이 짧아서 일까
밤하늘의 초승달을 봐도 눈물이 나고
나뭇가지 부대끼는 바람 소리에도
가슴 쾡해지는
주책맞은 인생이 서 있네요

어쩌다
친구가 어찌 지내냐 안부 하면
'나사 암시랑도 안혀 암만'

그래 놓구선
횡한 가슴에 시린 멍울만 품는다.

애기단풍과 나누는 가을 이야기

사르릉 애기단풍
바람 타고 내려와
세상 얘기 들려준다
내 얘기도 들어준다

낙엽으로 떨어져
친구가 되어 주고
서러운 어느 날엔 함께 울어 주고

알록달록
애기단풍
사랑도 준다.

어느 늦은 가을날

낙엽 한둘 떨어집니다.
바람에 기대어 떨어집니다.

내게로 와서 속삭입니다
그대는 지금 괜찮느냐고

뜨겁던 칠팔월을
보툰 가슴으로 버텨내고
지금 이 가을을 견디고 있습니다.

아니
봄 여름을 떨궈내고 있습니다

아니
힘들었던 날들을 털어내고 있습니다

그런데
아직도 슬퍼지는 까닭은 왜일까요.

어느 할머니의 한탄

코로나19란 것이 세상을 판치니
오도가도 못허고 갇혀부렀네
그놈의 것이 머시간디
요로코롬 가심이 답답 허고
찡 헌지 모르것네

요놈의 시상팔자 왜 이런다냐
하도 요상시러서 가심 끈허다.

성당도 못 가고
친구도 못 만내고
시상 참 재미 없네그랴

시상천지 어디
내 하소연 들어줄디 없소?!

.
.
.
참 내! ...

어머니

어머니
불러만 보는
것으로도 가슴이
멍먹해집니다. 당신 육신
사뤄가며 키워내신 철부지는
세월이 나를 키운 거라 믿었던 게
지요. 호롱불 아래서 한 땀 한 땀 시간을
깁던, 그 시절은 이제 어머니의 역사가 되고,

지금은 어느새 손녀딸 옹알이에 끔뻑! 넘어
가는 어머니 나이가 되었습니다. 그리
고 기억보다 더 징한 추억으로 그
리움을 덧칠해가며, 시간에 떠
밀려 어제를 접고, 신새벽
오늘을 맞이하고 있습
니다. 또 새로운
하루의 모험을
시작하기
위해서...

제5부

익어가는 그리움

어버이날에 즈음하여

살아 계실 때 몰랐던 부모님의 사랑
언제나 그렇게 계시려니
무심했던 젊은 날의 철없음

다 가신 뒤
세월 멀어질수록
아리게 그리워지는 부모님의 영상

부모 모습 되어서도
변함이 없네
더 아련해지네.

어찌 우리 잊으랴 아픈 그날을

어찌 우리 잊으랴 아픈 그날을
동족에게 무참히도 짓밟히던 고통의 그날들을
한 민족인 우리를 누가 갈라놓았는가
부모형제 갈라놓은 이들은 누구였던가

아, 애달프도다 겨레여
슬프도다 조국이여
어찌하여 동족끼리 남북으로 갈리어
총부리를 서로 겨눠야 하는가

함께 부르던 애국가도 나눠지고
함께 흔들던 태극기도 나눠지고
이렇게 아프고 아픈 6·25의 그날을
우리 어찌 잊으랴

온 천지가 무서움으로 떨었고
온 천지가 피로 물들던
6·25 전쟁 1,129일
그날들을 어찌 우리 잊으랴

1983년 이산가족 찾기 136일간의
그때 그 오열을 어찌 우리 잊으랴
전 국민이 아니, 전 세계가 울었던 그때
그날들을 어찌 우리 잊으랴

아직도 끝나지 않은 남북의 삼팔선엔
우리의 아들들이
총부리를 서로 겨누고 있으니
이 슬프고도 아픈 오늘을 어찌할거나

칠십 년 전 호국영령들이
아직도 잠들지 못하고
통곡을
하고 있는 건 아닐런지

어서어서 통일이 되어 웃녘 아랫녘
스스럼없이 다녔으면
주말이면 가족들과 금강산 자락에
돗자리 깔고 놀았으면

아! 언제쯤 남북에 통일이 올까
오천백육십만 대한의 소망을
쉼 없이 빌어보자
호국 영령들의 염원이 헛되지 않게.

엄니

언 날,
엄니가 밖에
가고 잡다 해서
안 업었능게라우!
근디, 울엄니 우째그리
개볍던지... 암말 못허고
가심이로만 울었재라우!.....

시상이 다 그렁께로 양로원에
모셔놓고, 다문 다문 찾아
뵘시롱도, 온갖 생색 다
냈던 것 같땅께요. 아,
그란디 이제 지가
엄니 나이 되야
부렀구마니라.
생각 허니,
마음만

짠해져서
가슴만 멍먹
해지는 구마니라
엄니!………………
그곳, 엄니 지신 곳은
워떤게라? 괜찮은 게라우?
여서처럼 울지도 말고 아프지도
말고, 부디부디 편히만 지시게라우!
엄니, 울엄니, 짠하기만 한 울 엄니!

엄니요

엄니요!
호래이 담배 푸던 야그가 그리워져라우

그 옛날
엄니가 들려주던 야그들
팥죽할멈과 호래이 야그!
안종도 안 잊았찌라

먼여 가신 아부지도 안 잊아지요
굴풋한 시한 긴긴밤이면
가마솥에 넣어 둔 곱삶밥에
가닥지 척척 얹어 묵던 그때

그 겨울밤들이
이렇게 오늘밤처럼 함박눈이 내리면
아부지 엄니가 그립지여!

지 나이 백 살이 되어도 그리울께라?
엄니, 아부지요!

영랑생가를 다녀와서

보시나요 임이여!
모란꽃이 수줍게 마중하네요
나즈막 돌담 위로
접시꽃은 마을 구경

가슴 아려오는 우물터 정겨움엔
울엄니 생각나서
울컥
눈물 납디다

영랑이 거닐던
마당 마당엔
모란꽃만 가득가득
피었더이다.

옛길을 찾아서

어릴 적 뱃길을 따라 걷습니다
위치만 있을 뿐 옛 모습은 간 데 없고
나조차도 낯선 모습으로
홀로 길을 걷습니다.

옛길엔
수양버들 하늘거리고
물고기들 노닐던 곳
그 길은 흔적도 없고
물길은 저 멀리로 앉아 흐릅니다.

울 엄마 빨래하던 황룡강 보에는
물새들만 옹기종기 햇볕을 쬐고
그리움만
물결 따라 출렁입니다.

우리 꽃 흰민들레

풀섶에 자리하고
누굴 기다리나

한 서린 역사
천 년을 지켜오며

오늘도
변함없이 몫을 이어오는

다소곳 여인의 모습
우리의 꽃 흰민들레

올 가을이 지네

하염없이
떨어져 내리는 낙엽을 보며
가슴엔
비가 내립니다
인생이 야위어가는 또 한 번의 길목에서
지는 해를
넋 놓고 바라봅니다

귓불이
차갑게 스치는 바람에
눈물이 핑 –도는데
문득
어머니가 그립습니다
묻혀가는 지나간 시간들은
결코
길지 않고 짧기만 하네

늙어가면서
엄마 모습을 닮아가는 내 모습이
쓸쓸한 늦가을로 스며듭니다.

의병에게 바치는 헌시

423년 전
순박하게만 살던 우리 선인들은
끔찍한 임진왜란을 겪어야만 했습니다.

나라의 보호 손길은 너무 멀었고
가엾은 백성들은 맥없이 당해야만 했던
무서웠을 그때 그 세상을
지금 우리가 어느 만큼이나 상상할 수 있겠습니까?

무서웠을 백성들이여!
서러웠을 선열들이여!
무력했던 나랏님을 원망할 줄도 모르던 임들이여!

민중의 지팡이였던
경남 의령의 곽재우 장군의 선두로
유생들이,
농민들이 뭉치고 뭉쳤습니다.

호남의 아들 제봉 고경명 장군은
유팽로 장군과 승리의 꿈을 향해
육천여 명의 의병을 이끌었습니다.

일본의 조선 침탈에 항거하여 일어난
구한말의 의병 전쟁
당신들의 신분은 유학자, 구식군인, 관리인,
그리고 일반 민중들이었습니다.

을사늑약 체결을 반대하며 일어난 양반 유생들을 따라
농민들도 함께 일어났습니다.

나라가 위급할 때마다 민중은 스스로 일어났습니다.
나라가 위급할 때마다 의병들은 스스로 일어났습니다.

무장독립운동으로 이어진 의병장들의 투쟁은

민족의 정기를 높이고 또 높였습니다.

1895년 일본에 의해 우리의 국모가
처참하게 살해 됐던 을미사변은
장성의 기우만 장군과 성재 기삼연 선생으로 하여금
의병을 일으키게 했습니다.

유생들로 하여금 피를 끓게 했던 단발령은
나라가 흔들릴 만큼 피 토하는 아픔을 겪었으며
민중의 처절한 울분은 하늘까지 닿았습니다.

아픔이 피멍으로 굳어져서
농민군 중심의 운동으로
우리 민족 운동사에
가장 큰 줄기가 되고
가장 큰 기둥이 된 의병의 날 오늘!

우리는 그때를 잊지 않기 위해서

우리는 임들을 기리기 위해서
대한민국 모두가 오늘, 임들을 추모합니다.
그리고 임들을 불러봅니다.

임들이 피 흘리며 목숨 바쳐 이 강산을 지켰기에
지금 우리가 있습니다.
그리고 우리는 행복합니다.

의병을 일으켜 나라를 지킨 임들이시여!
우리는 임들을 잊지 않을 것입니다.

사랑합니다.

* 2015. 6. 5. 의병의 날_ 전국대회에서 낭송.

이렇게 더운 날엔

엄니!

이렇게 더운 날 엔
열무김치에 상치 송송 썰어 넣고
고추장 넣어 싹 싹! 비벼 묵던
생각이 절로 난디요
그때마동 엄니가 보고자퍼
가심이 먹먹해 지지라

그 징그랍던 꽁보리밥도 이자는
그리운 추억의 밥으로
묵을 적마다
묵을 적마다 보고자픈 엄니
지* 앞에 마주하고 묵지라

엄니 지신곳은
애렵지도 서럽지도
아프지도 않았으믄 좋겠구마니라
늘그막에사 철이 든갑소이.

*지 : '김치'의 옛말

익어가는 그리움

시린 바람이 강을 헤매고 있습니다
하늘에선
휘파람 소리를 내며 눈이 날립니다

어린 날
집에 가던 길에서
아버지 모습 떠오릅니다

냇가에 앉아
빨래하던
어머니 모습도 더듬어 봅니다

친정 가는 길목에
그리움은
익어가고 있습니다.

인생 정리

날마다
태없이 흐르는 시간 속에서
비우는 연습을 한다
마음부터 비우는 연습을

욕심 내려놓고
명예 내려놓고
미움 내려놓고…
날마다 연습을 한다

.
.
.

그러나
아직도 다는
버리지 못하고 있다.

제6부

인생은 순례길

인생은 순례길 · 1

나면서부터 순례길은 시작한다

인생은 순례길!
부모 슬하에서는 호강으로 잊게 하고
청년 시절에는 행복이 잊게 한다

길을 가다 사랑을 짓고
'나' 아닌 '우리'로 산다
그렇게 정신없이 살다 보면
어느덧 육칠십이 되고

인생의 순례길 종착역이 가까워지면
살림 정리 주위 정리 자식 정리하며
마음보따리를 챙겨야 하는
인생은 나면서부터 순례길이다.

인생은 순례길 · 2

헐렁하게 살아온 칠십여 년이
언날 갑자기 가슴을 치네
무심히 살아온 세월 속에
군더더기만 생채기로 남았나

그리움만 커져가는 시간 속에서
에멜무지로 사랑을 키우며
그렇게
미숙한 채로 살아온 그대

가엽다
이쁘다
세상사 다
그렇지

인간사 꽉-묶어놓고 볼 순 없지
다들
에멜무지로 사는 거야
조금 부족하면 부족한 대로.

일상생활 속에서

떡국을 끓일 때면
그리움이 먼저 끓는다

멸치다시물을 내고
된장국을 끓일 때도 엄마 냄새가 난다

황룡강을 걸으면
저 만치서
머리에 수건 쓰고
고추 모종하시던 어머니가 그립다

평생 교직생활로
서툰 낫질을 하시던 아버지
그때는 몰랐던 가여움

이제는 지워야 할 그리움이다
어머니 모습을 닮아가면서
놓지 못하는 미련의 끈인가

스치는 바람에도
엄마 냄새가 난다.

인생타작

인생타작을 거지반 했나 보다
어느덧 석양길에 접어든 듯하니

욱신거리는 삭신을 달래며
창밖에 흐르는 구름을 본다

즐거울 것도
기쁠 것도 없는 지금
맥아리 없이 보내고 있는 칠순

찬미예수님!
다만 주님께 갈 때
잠자듯 하룻날 불러주시길
오늘도 쉼 없이 빌고 있다.

자식은 그럽디다

자식이 어디 부모 맘 압디까
열 달 부대껴
지 난 줄도 몰라주고
밤낮 잠 못 자고
지 거둔 줄도 몰라주고
지들 아플 때
애간장 태운 줄도 몰라주고
지들 저절로 알아서 큰 줄로 압디다

자식은 부모가 늙어가는 줄도 모릅디다
지들 커서 시집 장가 보내 놓으니
지들끼리만 잘 지냅디다
지 새끼만 중한 줄 알지
부모 중한 줄은 모릅디다

그러니 자식들 그만 쳐다보고
자식 사랑 짝사랑 그만하고
내가 내 몸 챙기며 내가 나를 사랑하며
즐겁게 사는 것이 옳은 것 같습디다.

잠은 안 오고

깊어가는 밤
잠을 잃었다

금속성 소리로 머리는 공중에 떠 있고
간간히
밤을 가르는 자동차 소리만 들릴 뿐

공기마저도 멈춰버린 듯
영원할 것만 같은
끝없는 이 한 밤을
날 더러 어찌하라고

자야 할 이 시간에
왜 앉아만 있는가
일초가 여삼추란 말
또다시 느끼면서

첫닭이
울어줄려나
귀 기울여본다.

저녁 강변의 모습

제 몸 길게 늘리며
누워 가는 황룡강 줄기

서산마루 지는 해도
흐르는 개천 따라 구불구불 눕는다.

금 새 하늘빛도
잠드는 시간으로 물들고

강변의 풀 늪 속에 어둠이 들면
보금자리 찾아드는 새들의 도란거림

평화로운 하루를 접어가는 시간
어릴 적 걷던 그 강변에선

늘
부모님이 그리워진다.

지고 있는가

칠십 고개 날망에
서 있다
직위욕 명예욕 내려놓았다

긴 세월이었을까 아님
짧은 시간이었을까
다 내려놓는 공부를 한다

이제는
살림 버리는 연습을 할 차례
순간
막연한 멍 때림이 스친다

청춘은 아직 끝난 게 아니라고들 하지만
그것은
현실을 회피하는 변명일 뿐

마음으로
허락되지 않는 육신은

태없이 늙어만 가고

즐거웠던 날보다
서글펐던 날들이 더 많았던
상처 많은 삶을 억울하다 할 수 없다

이만큼 살았으면 됐다
스스로 달래며
지우고 버리는 연습을 한다.

주님 따라

주님 따라 살으려 애씁니다
마음 비우기 연습을 날마다 합니다

그러다 행여
바람이라도 스치면
주님이 오셨는가 둘러봅니다
눈 안에 들어오는 자연의 숲길
묵주기도 속으로 빠져듭니다.

일곱 번 용서하기를 일흔 번 하라는
주님의 말씀 늘 새겨보지만
이웃을 사랑하라 하신 말씀도
아직도 미숙하기만 할 뿐

찬미 예수님
주님 따라 살으려 애를 씁니다.

철쭉꽃이 떠오르는 사람
- 신정식 선생님의 출판을 축하하며

오라버니 같고
이웃집 아재 같은 임
분재 꽃 사랑 속에
세월 쌓는 그대여
오월 철쭉꽃처럼 발그레한 가슴으로
누구나 반겨주는 정 많은 임이시여!

평생을 공부하며
한 수 한 수 글을 모아
아름다운 추억의 시집
'감 하나 달랑달랑!' 발간을 축하하며
부디 건승하시길
철쭉꽃 닮은 당신을 응원합니다.

촛불의 의미

민심의 촛불 일어섰다
방방곡곡에 촛불이 켜졌다
가슴 울리는 촛불은
땅을 울렸고 하늘까지 닿았다

성냄의 촛불이었고
분통의 촛불이었고
억울함의 촛불이었다

군중의 마음들이 불꽃처럼 일어나
평화로 켜지는 촛불로 승화하였고
친교의 촛불로 축제를 만들었다

나라를 뒤흔든 방자함
전 세계가 놀랐고
전국에서 일어나는 촛불의 행렬
온 세상이 놀랐다

작은 촛불 하나하나에

민심의 꽃이 피었고
결코 바람이 불어도 꺼지지 않는
이 지구상의 별이 되었다.

첫사랑과 짝사랑 그리고 겹 사랑

어느 때 어느 날인지 기억도 없다
마음 저 깊은 곳으로
파아란 하늘에 저절로 스며들 듯이
언제부터인지도 모르게
나의 첫사랑은 그렇게 왔었다.
처녀티가 나기도 전에-

어느 만큼 세월이 흐른 뒤에
첫사랑의 집을 짓고
아웅다웅 살다 보니
내 분신들이 둘이라
행복을 주던 분신들은 어느새
짝사랑이 되었다. 영원한 나의 짝사랑이-

그리고
아린 가슴이 먹먹해질 만큼 세월 간 뒤에
내 짝사랑은
하늘의 별을 따고 또 따고…
그러다 다시
겹 사랑으로 내게 오려나…

친정엄마와 2박 3일

친정엄마와 2박 3일!
나는 그걸 못했다

친정 부모와 함께 한 세월은 27년
그것도
중학교 3년 하숙하고
고등학교 2년 자취하고
파독간호사로 5년 빼면
실상은 몇 년 안 돼

임 따라 시집와선
43년째
시모님 모시고 살았다

친정엄마와 2박 3일
난 못해 봤다
살아생전 무심한 딸이었다

참말로 무심한 딸이었다.

타래난초

어느 임 기다리며
홀로 산을 헤매나

외로움을 달래려고
비비 꼬며 서 있는가

그 자태 청순함이
이쁘기 그지없네.

통과하는 중

흐르는 강물처럼
세월 따라 나도 흘러갑니다
그리운 어머니 아련하고
그 속에 나도 따라 닮아갑니다

가는 듯 마는 듯 멈춘 듯
바람 따라 흐르는
창공의 구름처럼
난 쉼 없이 흘러갑니다

코로나19 바이러스가 난리를 쳐도
시간 속에 나는
여전히 세상을 통과 중입니다

제7부

황룡강의 백로에게

특급열차여 안녕

바람을 가르며
반세기를 달려온 특급열차
나날이 발전해가는 세월들 마주한 새마을호

울고 웃는 인생사를 꽃피웠던 추억들
차창 밖으로 수많은 그리움을 남기며
변함없이 달렸던 특급열차 새마을호

웃으며 만나는 행복도 보았고
울며 떠나는 사랑은 다독여주던
특급열차 새마을호여 안녕!

하느님 맙소사

오늘도
허망히 간다
코로나19 사슬에 묶여 멜없이 간다

몸과 맘은
삼팔따라지 된 듯
처량하기 짝 없는 하루가 간다

하늘은
여전히 푸르고
흐르는 구름도 무심하기만 한데

기댈 곳 없는 마음에
통곡이라도 하고파
강가에 앉아 해넘이를 배웅한다.

해파랑길에서

동해와 남해의 갈림길, 해파랑길
오륙도 앞에서 도장을 찍고
출렁이는 바다에 윙크를 했다

산자락에 부딪치는 파도는
어찌 왔느냐 왜 이제야 왔느냐
소름 돋게 포효하고

오르락내리락 산길 따라
산야초들과 눈인사를 나누며
파도소리 새소리와 얘기도 한다

가다가 쉴 겸 뒤돌아보니
먼- 바다 끝에
희미하게 보이는 대마도가 배웅하고

둥근 바다 능선 따라
걷고, 걷고 또 걸으며
뾰쪽한 마음도 내려놓는다.

나라 위해 몸 바친
두 기녀의 생을 추모하며
이기대 산책로를 따라
빨간 해파랑길 표시를 따라간다.

함께 하는 평화, 함께 하는 미래

75년 전
잘렸던 허리
수많은 아픔과 고통의 연속이었던

동족끼리
총을 겨눠야만 했던 우리

이제는
멈추고
화해합시다

남의 손에 의해 동강 난 허리
결코 우리의 뜻이 아니었기에

함께 풀고
함께 정 나누며
함께하는 미래로

함께 하는 평화를 간직합시다.

현대인

오늘 하루에 나를 실었다

오늘 하루에 나를 팔았다

오늘 하루에 나를 묻었다.

오늘 아침이 나를 깨웠다

오늘 한나절이 나를 먹었다

오늘 하루가 나를 잊었다.

현충일 충혼탑에서

애도하는 마음 아는 걸까
하늘도 함께 하는지
나뭇잎도 조용히 흔들림 없고
바람도 멈춘 듯
묵념을 하고 있다

호국 영령들을 위로하는
헌시를 낭독하는 학생의 어깨너머로
참전용사의 가족들을
햇살이 가만히 어루만지며
세월의 아픔들을 다독이고 있다

수많은 세월이 흘렀는데도
늙은 미망인의 어깨가
애처롭게 흔들리고 있다.
아, 하늘에서 내려다보신다면
호국의 영령들이여!
이 미망인을 위로하소서!

호래이 물어갈

*호래이 물어갈느므 시한!

울어매가 하시던 말 문득 생각나
살얼음 겨울이 오면
입버릇처럼 하시던 어머니 말씀
시끄런 세상 속에
어지런 지상에서

오늘도 움츠러드는 순간순간들
짙게 깔린 스모그에
먼산 보이잖아 가슴은 답답하고
참으로
호래이나 물어갈 시상

뉴스를 듣다 보면
늘
울 엄니 하시던 말 생각이 난다

*호래이 - '호랑이'의 전라도 방언

황룡강 꽃길

어둠을 밀어내는 새벽길 따라
상큼히 맞아주는 정겨운 바람
정겨운 강변길에 백일홍꽃들
하얗게 빨갛게 웃고 있었다

동쪽하늘에 은빛구름 이는데
백로는 아직도 단꿈 꾸는지
늪 속에 올망졸망 잠자고 있고
물길 따라 백일홍도 길을 나선다.

황룡강 뱃나드리

장대 배 타고 줄로 이어진 줄배를 타고
학교 다니던 황룡강 뱃나드리
지금은 간 곳 없이 다리만 놓여 있네

뱃나드리 초가집 길마당에
오가는 이 앉아 쉬던 평상도 간 곳 없고
검푸른 물빛만 하늘을 붙잡고 있네

뱃나드리 강가에서
농사짓던 울 아베도 이젠 없고
길 잃은 바람만 여전히 맴돌고 있네.

황룡강 소묘 · 2

황룡강 따라나선 풀 섶 속에
새들이 숨바꼭질하고 있다

물오리 물총새 물병아리들이
정답게 노래하는 황룡강에는
양귀비 수레꽃도 마중 나오고
코스모스 안개꽃도 손짓을 한다

노랑창포 건너에는
물냉이꽃이 춤을 추고
왜가리 흑두루미도
황룡강을 다독이고 있다.

황룡강 연가

나룻배 타고 학교 가던 길
사박사박 모랫길 걸어 학교 가던 길
뽕뽕다리 건너서 자갈길 지나
오솔길 따라 집에 가던 길
그리움 따라 어머니 보고 싶다
가무잡잡 주름진 아버지도 보고 싶다

물병아리 청둥오리 여유롭게 놀고 있는
황룡강 뚝 길 따라 그리움이 맴돈다
옛날,
옛날 나 소싯적 다니던 길에
지금은 백억 송이 꽃들이 펴서
관광도시 옐로우시티 장성이 되고
살기 좋은 산천으로 변하였지만

어머니 아버지 계시지 않아
마냥 아쉽고 그리워진다.

황룡강의 밤

밤하늘 따라
검게 물든 황룡강
물이파리 나훌대며
별들을 쪼아 내리고 있다

풀 섶에
울어대는 청개구리는
비구름 청하느라
염불하는 중

까아만
밤하늘을
황룡강 불빛들이
수놓고 있다.

황룡강의 백로에게

백로야
홀로 서서 무얼 그리 보고 있니

부동자세 힘들지 않니
외롭게 보이누나

임 그려 넋을 잃었을까
짠해지는 이 마음

언제쯤 비가 오나
너 또한 기다리니

희뿌연 대지를 씻어 줄
빗님을 기다리는 마음

백로
너와 내가 한 마음일까.

황룡오일장에서

소달구지 얻어 타고
장에 갔던 날
예닐곱 어린 시절 그리운 날들

할아버지 따라 간 우牛시장에서
소 울음소리에 놀라 눈물을 글썽이며
알사탕 입에 물고 구경했던 일

꿈인 듯
그리움인 듯
가슴속에 여울져 흐른다

뻥이요!
그때 그 시절은 허공으로 튀어 오르고
가위장단 구성지던 엿장수도 이젠 없다

저물어가는 오일 재래시장이
그리움 저편으로
사위어가고 있다.

흐드러진 개망초꽃을 보며

밭두렁에 흘러내린
처량한 꽃망울들이
구름 따라
한들한들 흔들립니다.

하얀 수건 쓰고
콩밭 매던 어머니
학교에서 오는 나를 보며
손 흔들어 반기시던

언덕빼기
하얀 꽃들도
엄마 따라
흔들리던

지금은 그 모습 간 곳 없고
멀리 강 언덕에 앉아 그리워만 합니다.
보고파만 합니다.
어머니, 어머니!

조선희 제5시집

인생은 순례길

인　　쇄 2025년 6월 20일
발　　행 2025년 6월 30일
지 은 이 조 선 희
펴 낸 이 노 남 진
편　　집 장 숙 영
펴 낸 곳 (사)한림문학재단·도서출판 한림
61488 광주광역시 동구 백서로125번길 11(금동)
(062)226 - 1810(代)·3773
E-mail. hanlim1992@kakao.com
출판등록 제1990 - 000008호(1990. 9. 14.)

값 12,000원
ISBN 978-89-6441-606-8 03810

* 이 책은 한국예술인복지재단의 창작지원금으로 출판하였습니다.

* 이 책의 판매처 _ 교보문고, 예스24, 충장서림